BEI GRIN MACHT SICH IHR WISSEN BEZAHLT

- Wir veröffentlichen Ihre Hausarbeit,
  Bachelor- und Masterarbeit

- Ihr eigenes eBook und Buch -
  weltweit in allen wichtigen Shops

- Verdienen Sie an jedem Verkauf

Jetzt bei www.GRIN.com hochladen und kostenlos publizieren

Bibliografische Information der Deutschen Nationalbibliothek:

Die Deutsche Bibliothek verzeichnet diese Publikation in der Deutschen National-bibliografie; detaillierte bibliografische Daten sind im Internet über http://dnb.d-nb.de/ abrufbar.

Impressum:

Copyright © 2018 GRIN Verlag
Druck und Bindung: Books on Demand GmbH, Norderstedt Germany
ISBN: 9783668770225

Dieses Buch bei GRIN:

https://www.grin.com/document/436079

Marius Groehl

Fitnessökonomie. Preismanagement und Kooperation, SWOT-Analyse, Corporate Identity und Digitalisierung in der Gesundheitsbranche

GRIN Verlag

GRIN - Your knowledge has value

Der GRIN Verlag publiziert seit 1998 wissenschaftliche Arbeiten von Studenten, Hochschullehrern und anderen Akademikern als eBook und gedrucktes Buch. Die Verlagswebsite www.grin.com ist die ideale Plattform zur Veröffentlichung von Hausarbeiten, Abschlussarbeiten, wissenschaftlichen Aufsätzen, Dissertationen und Fachbüchern.

Besuchen Sie uns im Internet:

http://www.grin.com/

http://www.facebook.com/grincom

http://www.twitter.com/grin_com

Deutsche Hochschule für

Prävention und Gesundheitsmanagement

Hermann Neuberger Sportschule 3

66123 Saarbrücken

Einsendeaufgabe

Fachmodul:	Marketing 2
Studiengang:	Bachelor of Arts „Fitnessökonomie"
Datum Präsenzphase:	18.06.2018 – 21.06.2018
Name, Vorname:	Gröhl, Marius
Studienort:	**Stuttgart**
Semester:	**Sommersemester 2016**

Inhaltsverzeichnis

1 Preismanagement und Kooperationen

1.1 Preiselastizität der Nachfrage

Preiselastizität der Nachfrage: $(\varepsilon) = \frac{\text{Änderung der Menge in }\%}{\text{Änderung des Preises in }\%}$

Prozentuale Veränderung der Menge: $Menge = \frac{N(Neu)-N(Alt)}{N(Alt)} * 100\%$

$Menge = \frac{2400-2700}{2700} * 100\% => \text{-}11,1\%$

Prozentuale Veränderung des Preises: $Preis = \frac{P(Neu)-P(Alt)}{P(Alt)} * 100\%$

$Preis = \frac{45,90€-40,90€}{40,90} * 100\% => 12,2\%$

Preiselastizität der Nachfrage: $(\varepsilon) = \left| \frac{-11,1\%}{12,2\%} \right| => \left| \text{- }0,91 \right|$

Die Preiselastizität der Nachfrage (ε) beträgt |-0,91|. Da $\varepsilon < |1|$ ist, handelt es sich um eine unelastische Nachfrage. Unter einer unelastischen Nachfrage versteht man, dass eine 1-prozentige Preisänderung eine weniger als 1-prozentige Mengenänderung zur Folge hat. Für das Unternehmen X&Y Health GmbH lohnt es sich die Preise zu erhöhen, da die Preisänderung nur zu einer relativ geringen Änderung der Nachfrage führt.

Durch die Erhöhung des Mitgliedsbeitrags von 5€ verringert sich zwar der Umsatz minimal um 270€, jedoch kann dieser „Fehlbetrag" schon durch sechs Neumitgliedschaften wieder ausgeglichen werden (45,90€*6 = 275,40€). Außerdem entstehen durch den „Rückgang" um 300 Mitgliedern neue Kapazitäten für Interessenten, die bereit sind den neuen Mitgliedsbeitrag zu bezahlen, was eine Steigerung des Umsatzes zur Folge hat.

1.2 Preisbildung

1.2.1 Anlässe der Preisbildung

Die Preisbildung kann durch zwei Tatbestände realisiert werden. Die erstmalige Festlegung eines Preises oder eine Preisänderung (Meffert, Burmann, & Kirchgeorg, 2015, S. 487-488). Anlass der Preisbildung der X&Y Health GmbH ist die Markterschließung, d.h. dass vorhandene Leistungen/Produkte auf neuen Märkten angeboten werden. Das Unternehmen besitzt derzeit fünf Fitnessanlagen im südwestlichen Raum und möchte nun weitere Anlagen auf dem deutschen Fitness- und Gesundheitsmarkt außerhalb des südwestlichen Raums eröffnen.

Als Produkt- und Leistungsstrategie nach Ansoff, kann die Marktentwicklung angewendet werden. Bei der Marktentwicklung will ein Unternehmen mit ihrem bestehenden Produkt neue Märkte erschließen (Nieschlag, Dichtl, & Hörschgen, 2002, S. 900). Das Unternehmen X&Y Health GmbH versucht mit ihrem Konzept (hohe Service- und Dienstleistungsorientierung) neue Märkte (außerhalb des südwestlichen Raums) zu erschließen.

1.2.2 Kostenorientierte Preisbildung

Bei der kostenorientierten Preisbildung werden lediglich die Kosten des Unternehmens betrachtet um den Preis zu bestimmen (Kotler, Amstrong, Saunders, & Wong, 2007, S. 786-787).

Fixkosten:	650.000€/Jahr / 12 = 54.166,67€/Monat
Mitglieder:	2800
Variable Kosten:	8,50€/Mitglied/Monat
Gewinnzuschlag:	15%

$$Mitgliedsbeitrag = variable\ Kosten + \frac{Fixkosten}{Absatzmenge}$$

$$Mitgliedsbeitrag = 8,50€ + \frac{54166,67€}{2800} = 27,85€$$

Mitgliedsbeitrag (Gewinnzuschlag):	27,85€ * 1,15 = 32,03€ (Netto)
	32,03€ * 1,19 = 38,12€ (Brutto)

Der Mitgliedsbeitrag beläuft sich auf 38,12€ (Brutto)/Monat und unter der Berücksichtigung des Gewinnzuschlags von 15%.

1.2.3   Konkurrenzorientierte Preisbildung

Bei der konkurrenzorientierten Preisbildung orientiert sich die Preisfestlegung an denen der Konkurrenz. Die unternehmensindividuellen Kosten- oder die Nachfragesituation wird hierbei nicht berücksichtigt (Weis, 2012, S. 388). Es wird zwischen zwei Formen der konkurrenzorientierten Preisbildung unterschieden, die Preisbildung durch Orientierung an Marktpreisen und die Preisbildung durch öffentliche Ausschreibungen.

Bei der X&Y Health GmbH entsteht die Preisbildung durch Orientierung an Marktpreisen. Ein neues Fitnessstudio mit ähnlicher Positionierung soll innerhalb des Marktgebietes der X&Y Health GmbH eröffnen und Mitgliedsbeiträge anbieten, die 5-10€ günstiger sind. Da unser Unternehmen einen sehr hohen Stellenwert auf die individuelle Betreuung sowie Serviceleistungen legt, wird von einer Preissenkung- bzw. Anpassung abgesehen. Da der Preis für viele Kunden ein Qualitätsmerkmal ist, würde die Senkung des Preises bei den Kunden eine Verunsicherung auslösen & das Vertrauen in Bezug auf die angebotene Dienstleistung kann verloren gehen. Um den Kunden die Serviceleistungen weiterhin in vollem Umfang zur Verfügung zu stellen, muss das Personal sowie weitere Dienstleistungen erhalten bleiben, was durch eine Preissenkung (gleichzeitiger Umsatzrückgang) nicht finanzierbar ist. Aus diesen Gründen ist von einer Preissenkung abzusehen und sich lieber darauf zu fokussieren die Service- und Dienstleistung weiterhin in bester Qualität anzubieten.

2 Strategische Analysemethoden

2.1 Five-Forces-Modell

Das Five-Force-Model nach Porter analysiert anhand von fünf Wettbewerbskräften (Verhandlungsstärke der Lieferanten, Bedrohung durch neue Anbieter, Verhandlungsstärke der Abnehmer, Bedrohung durch Ersatzprodukte und Rivalität der Mitbewerber) wie attraktiv ein Markt ist (Bea & Haas, 2003, S. 99).

Für die Freeletics GmbH können diese aus Tabelle 1 entnommen werden.

Tabelle 1: Five-Force-Model in Bezug auf die Freeletics GmbH

Wettbewerbskraft	Erläuterung/Begründung
Mitbewerber	Es kommen immer mehr Fitnessapps auf den Markt, wodurch die Rivalität immer größer wird. Da sich viele Apps heutzutage kaum noch in Inhalt und Funktion unterscheiden, müssen die Mitbewerber ihre Rivalität über den Preis austragen. Größter Mitbewerber für Freeletics ist wohl Runtastic, dass ähnliche Produkteigenschaften, aber einen günstigeren Preis aufweist. Dies kann zu einem Kundenverlust bei führen.
Potenzielle Mitbewerber	Der Wettbewerbsdruck für die Freeletics GmbH ist sehr groß. Der Markteintritt für andere Unternehmen ist sehr einfach. Heutzutage kann fast jeder der über ein gewisses Knowhow verfügt eine App entwickeln. Dies führt dazu, dass Freeletics sich von anderen Anbietern durch eine große Produktpalette differenzieren muss um eine gewisse Kundenzufriedenheit zu erlangen. Dies führt zu einer hohen Kundenbindung, was weitere Unternehmen vom Markteintritt abhalten kann.
Kunden	Die Wettbewerbskraft der Kunden ist insgesamt sehr hoch, da die Qualität der wichtigste Wettbewerbsfaktor ist und der Markt sich zu einem Käufermarkt entwickelt hat (Jochem, 2010, S. 3). Im Internet kann der Kunde verschiedene Apps innerhalb kurzer Zeit vergleichen und vorab recherchieren welche Funktionen er haben und welchen Preis er dafür zahlen möchte. Durch die hohe Verfügbarkeit von Ersatzprodukten, kann sich der Kunde bei schlechter Qualität jederzeit eine Alternative suchen.
Zulieferer	Der „Zulieferer" bei Apps ist der Betreiber des App-Stores. Da es in jedem Betriebssystem nur einen App-Store gibt, hat dieser eine gewisse Verhandlungmacht. Um seine App in einem App-Store zur Verfügung zu stellen werden Gebühren verlangt. Werden diese Gebühren erhöht, kann dies beispielsweiße Auswirkungen auf den Preis habe, da die laufenden Kosten gleichbleiben und die erhöhten Gebühren ausgeglichen werden müssen.
Ersatzprodukte	Ein Ersatzprodukt ist immer eine potentielle Bedrohung für ein Unternehmen. Freeletics muss sich beispielsweiße mit Ersatzprodukten wie „Heim-Trainern" auseinandersetzen, da diese ebenso wie Freeletics nicht den Gang in ein Fitnessstudio vorraussetzen. Deshalb ist es wichtig immer auf dem neusten Stand zu bleiben und die App ständig zu optimieren bzw. neue Features einzubauen um Ersatzprodukte uninteressant werden zu lassen.

2.2 Durchführung einer SWOT-Analyse

Eine SWOT-Analyse wird in der folgenden Tabelle für die Freeletics GmbH dargestellt. Bei einer SWOT-Analyse werden die Stärken, Schwächen, Chancen und Risiken eines Unternehmens analysiert (Kotler, Keller, & Opresnik, 2015, S. 62-63).

Tabelle 2: SWOT-Analyse

Stärken
- Das Unternehmen baut auf eine starke Community. Die Mitglieder unterstützen sich gegenseitig aber können auch Wettkämpfe in Echtzeit untereinander möglich (Scherkamp, 2015).
- Die Freeletics-Coach-App ist im Vergleich zu einem Fitnessstudio deutlich günstiger. Eine Jahresmitgliedschaft kostet hier lediglich 79,99€ (Maciej, 2015).
- Hohe Alltagsintegrierung, da die Übungen sowohl im freien als auch in den eigenen vier Wänden durchgeführt werden kann (Heinzerling, 2014).

Schwächen
- Eine individuelle Anpassung des Trainingsplans für die Kunden ist nicht möglich. Dadurch kann es bei Personen die z.B. Rückenprobleme haben und manche Übungen nicht ausüben sollten zu Probleme kommen (Heinzerling, 2014).
- In Sachen Marketing greift Freeletics auf sogenannte Transformationsvideos zurück. Dies suggeriert gerade dem jüngeren Publikum einen schnellen Trainingserfolg. Bleibt dieser jedoch aus, kann diese Tatsache zu Demotivation führen (Heinzerling, 2014).
- Übungsausführungen können von der App nicht kontrolliert werden, was vor allem für Trainingsanfänger ein Problem darstellt. Falsch ausgeführte Übungen können schnell zu Verletzungen führen, was für die Kunden ein eher negatives Erlebnis mit der App hinterlässt (Heinzerling, 2014).

Chancen
- Durch die fortschreitende Digitalisierung eröffnen sich für Freeletics immer mehr Möglichkeiten. Nutzer zahlen von Smartphones steigen kontinuierlich an, allein in Deutschland besaßen 2017. insgesamt 54 Millionen Menschen ein Smartphone (Bitkom, 2017).
- Aktuell nutzen nur 22% der sportlich aktiven eine Fitnessapp (Brandt, 2016). Hier besteht also noch Steigerungspotential, dass auch Freeletics dazu nutzen kann, „Nicht-App-Nutzer" auf Freeletics aufmerksam zu machen.
- Im Jahr 2022 wird die Zahl der Fitnessapp Nutzer auf 7,2 Millionen steigen (Statista, 2017). Freeletics hat dadurch die Chance seine Kundenanzahl und somit auch seinen Marktanteil bzw. Umsatz zu erhöhen.

Risiken
- Durch die Digitalisierung nutzen bzw. erstellen viele Fitnessstudios mittlerweile ihre eigenen Apps (DSSV, 2018). Dadurch steigt die Anzahl der Mitbewerber, gegen die sich Freeletics durchsetzen muss.
- Ein weiters Risiko ist das Konsumverhalten der Menschen, was heute im Trend ist kann morgen schon wieder „out" sein. Deshalb muss Freeletics ständig auf dem neusten Stand sein und alle Trends mitmachen.
- Ein Risiko ist auch der Umgang mit Kundendaten. Durch eventuelle Sicherheitslücken könnten Personendaten an in die Hände von Dritten gelangen. Was dem Image einen erheblichen Schaden zuführen würde.

2.3 Erstellung einer SWOT-Matrix

Bei einer SWOT-Matrix zeigt sich, ob durch Schwächen bestimmte Chancen nicht genutzt werden oder ob Risiken eine Bedrohung für das Unternehmen sind. Desweitern sieht man, wie die Stärken genutzt werden können um Chancen zu realisieren und Risiken nicht zu einer Bedrohung werden zu lassen (Meffert, Burmann, & Kirchgeorg, 2012b, S. 240). Die SWOT-Matrix für das Unternehmen Freeletics GmbH ist in der kommenden Tabelle einzusehen.

Tabelle 3: SWOT-Matrix

	Chancen - Digitalisierung - aktuelle Nutzeranzahl (Sportler) - Nutzerzahl (zukünftig)	Risiken - Studios mit eigener App - Konsumverhalten - Sicherheit
Stärken - Community - Kosten (Mitgliedschaft) - Alltagsintegrierung	**SO-Strategien:** • Die Community weiter ausbauen und gleichzeitig zum Mittelpunkt machen, neue Wettbewerbe integrieren, um so die zukünftigen Kunden zu gewinnen. • Die Alltagsintegrierung besser hervorheben, da die aktuelle Nutzerzahl an Apps von Sportlern bei nur 22% liegt. So kann der Verzicht auf ein Fitnessstudio deutlich gemacht werden.	**ST-Strategien:** • Die Community noch besser Verknüpfen, sodass sich ein noch stärkeres „Wir" Gefühl entwickelt. So werden die Nutzer gehalten und Wechseln nicht in ein herkömmliches Fitnessstudio. • Die Alltagsintegrität weiter ausbauen, sodass die Menschen z.B. auch am Arbeitsplatz kurze Workouts absolvieren können um so immer neue Trends zu setzen.
Schwächen - Individualität - Marketing - Kontrolle (Ausführung)	**WO-Strategien:** • Es können Maßnahmen getroffen werden um die Individualität zu verbessern z.B. Einführung eines Anamnesebogens. • Marketingkonzept überarbeiten um „glaubwürdiger" zu werden und so neue Kunden zu gewinnen.	**WT-Strategien:** • Das Unternehmen könnte Kooperationen mit Fitnessstudios eingehen, damit sich Kunden bei der Trainingsausführung kontrollieren lassen können • Mit den Trends mitgehen und immer neue Features bzw. technische Fortschritte entwickeln.

2.4 BCG-Portfolio und Produktlebenszyklus

Fitness-Apps liegen im BCG-Portfolio im Bereich der „questionmarks". Der Grund dafür ist, dass die Kategorie Gesundheit & Fitness (der Freeletics angehört) einen Marktanteil von 3% im App-Store erreicht (Statista, 2018). Das Marktwachstum ist jedoch sehr hoch, da sich in einem kurzen Zeitraum von 2015 - 2018 die Anzahl an Apps von 1,6 Millionen auf 3,6 Millionen mehr als verdoppelt hat (Statista, 2018).

Im Rahmen des Produktelebenszyklus hat Freeletics bereits die Phasen der Entwicklungs- und Einführungsphase durchlaufen und befindet sich derzeit in der Wachstumsphase. Die Nachfrage nach Fitness-Apps steigt (siehe Tabelle 2, Chancen) und dadurch wird ein starker Anstieg der Absatz- und Umsatzmenge erreicht. Ferner entwickelt Freeletics ständig neue Produktvariationen (Freeletics Bodyweight, Freeletics Gym), was eine Charakteristika für diese Phase ist (Weis, 2012, S. 277-278).

Ein Unterschied zum idealtypischen Lebenszyklus, lässt sich vor allem in der Entwicklungsphase erkennen. Hier entstehen keine hohen Kosten für Forschung oder Entwicklung. Der Amortisierungsprozess bei Freeletics findet kaum statt, da die Entwicklungskosten im Vergleich zu herkömmlichen Produkten eher gering ist (Reuter, 2011). Dadurch ist eine Überschreitung der Gewinnschwelle (Break-Even-Point) frühzeitig möglich.

2.5 Fazit

Als „klassisches" Fitnessstudio steht man immer in einem Wettkampf mit anderen Mitbewerben sowie auch mit Ersatzprodukten wie z.B. Fitnessapps, Online-Programmen oder auch Heimtrainern. In unserem Unternehmen (X&Y GmbH) wird die Service- und Dienstleistung als Aushängeschild betrachtet. Bei der Analyse von Freeletics hat sich als „Schwäche" die Individualität der Trainingspläne, sowie die Kontrolle der Übungsausführung herauskristallisiert. Durch Trainer können diese Kontrollen im Unternehmen gewährleistet werden, ebenfalls wird durch den Trainer ein individualisierter Trainingsplan erstellt, der auch Kontraindikationen berücksichtigt. Gleichzeitig fördert der persönliche Kontakt die Kundenbindung. Jedoch sollen das Potential sowie die Zukunftsaussichten in Sachen Fitness-Apps (siehe Tabelle 2, Chancen) nicht vergessen werden. Eine Entwicklung einer eigenen App wäre in diesem Fall die logische Konsequenz, um auch im digitalen Zeitalter bestehen zu können und seinen Kunden neue Möglichkeiten anzubieten.

3   Corporate Identity

3.1   Interview-Analyse

3.1.1   Überarbeitung der Corporate-Identity bei Kieser Training (6 Anzeichen)

Die Corporate Identity ist eine strategische und operative Verhaltensweiße und Selbstinszenierung innerhalb des Unternehmens als auch nach außen hin (Meffert & Burmann, 1996, S. 23 ff.). In der untenstehenden Tabelle wird die Überarbeitung der Corporate Identity bei Kieser Training dargestellt.

Tabelle 4: Überarbeitung der Corporate-Identity bei Kieser Training (6 Anzeichen)

1.   Veränderung des Farbkonzepts
Zu Beginn dominierten die Farben Grau und Gelb, diese wurden nun durch die Farbe blau ersetzt. Hauptgrund dafür ist, dass es zu keinen Assoziationen mit einem deutschen Discounter kommt, dessen Logo gelb ist.
2.   Einführung eines neuen Werbeslogans
Der Slogan „Ein starker Rücken kennt keinen Schmerz" wurde durch „Ja zu einem starken Körper ersetzt. Um die Marke visuell zu modernisieren und das bewährte Angebot hervorzubringen.
3.   Neue Werbeplattformen
Zu Beginn lief bei Kieser Training das meiste über Mund zu Mund Propaganda oder über Presseberichte. Zuerst gab es Printkampagnen und nun werden zusätzlich die sozialen Medien sowie die Website für Werbung genutzt.
4.   Änderung der Zielgruppe
Am Anfang trainierten bei Kieser hauptsächlich „Athleten" und mit der Zeit kamen immer „ältere" Menschen im Alter von 50-70 Jahren hinzu. Die überarbeitete Corporate Identity spezialisiert sich auf Menschen im Alter von 30-50 Jahren.
5.   Klare Kommunikation des Angebotes von Kieser
Kieser Training konzentriert sich auf ihr Kerngeschäft, das Training. Es wird nun klar kommuniziert, dass Kieser Training dafür steht den Menschen zu einem gesünderen Lebensstil zu verhelfen und kein „Lifestyle Fitnessclub" mit Bars, Sauna etc. ist.
6.   Überarbeitung des Images
Früher galt, dass Kieser Training nur für alte und Kranke Leute ist. Durch die neue Ausrichtung möchte Kieser bezwecken, dass Kieser Training für alle Menschen ist, die Kraft im Alltag und ein schönes, aktives Leben möchten.

3.1.2 Gründe für eine Neuausrichtung der Corporate Identity allgemein und für Kieser Training

In der folgenden Tabelle werden allgemeine Gründe für eine Neuausrichtung der Corporate Identity genannt und erklärt.

Tabelle 5: Allgemeine Gründe für eine Neuausrichtung der Corporate Identity

Allgemeine Gründe für eine Neuausrichtung der Corporate Identity	
Gründe	Erklärung
Inhaberwechsel:	Wenn das Unternehmen z.B. einen neuen Geschäftsführer bekommt, der auf andere Werte setzt.
Imagekorrektur:	Die Menschen haben ein falsches „Bild" von einem Unternehmen und um dieses Image aufzupolieren.
Änderung der Zielgruppe:	Das Angebot bzw. die angebotenen Leistungen oder Produkte sollen eine andere Zielgruppe als die bisherige ansprechen.
Wiedererkennungswert:	Um nicht mit anderen Unternehmen verwechselt bzw. verglichen zu werden.
Zeitgeist:	Da sich im laufe der Jahre Trends, Designs und Werbeträger weiterentwickeln muss ein Unternehmen immer mit den Trends der Zeit „mitgehen".
Produktneuentwicklung:	Bei einer Neueinführung eines neuen Produkts um dieses zu bewerben.
Expansion:	Wenn ein Unternehmen z.B. in ein anderes Land expandiert muss z.B. die Werbung für das jeweilige Land angepasst werden.

Folgende vier Gründe zur Neuausrichtung der Corporate Identity sind in Bezug auf das Unternehmen „Kieser Training" ersichtlich.

Tabelle 6: Gründe für eine Neuausrichtung der Corporate Identity bei Kieser Training

Gründe für eine Neuausrichtung der Corporate Identity bei Kieser Training	
Gründe	Erklärung
Imagekorrektur:	In der heutigen Zeit entscheiden potenzielle Neukunden sehr häufig anhand des Images ob Sie das Unternehmen unterstützen möchten oder es seinen Bedürfnissen gerecht wird. Ist das Image einmal negativ, ist es äußerst schwierig diesen „Ruf" wieder loszuwerden. Das Image das Kieser früher bei den meisten Menschen hatte, dass durch den Slogan „Ein starker Rücken kennt keinen Schmerz" gestärkt wurde, war das nur alte und gebrechliche Menschen zu Kieser Training gehen. Durch den neuen Leitsatz „Ja zu einem starken Körper" können sich nun Leute aller Altersgruppen mit Kieser identifizieren.
Wiedererkennungswert:	Der Wiedererkennungswert eines Unternehmens spiegelt sich auch im Logo wieder. Es ist ein visuelles Erscheinungsbild, mit dem sich Unternehmen in der Öffentlichkeit präsentieren und von anderen abgrenzen. Am Anfang hatte Kieser Training die Farbe gelb in ihrem Logo implementiert., wodurch in der Öffentlichkeit eine Analogie zu einem Discounterstudio gesehen wurde. Damit sich Kieser Training nun klar von diesem Discounter abgrenzen kann wurde das Logo-

	überarbeitet.
Änderung der Zielgruppe:	Die Zielgruppe eines Unternehmens kann sich durch verschiedene Faktoren ändern z.B. falsche Kommunikation der Leistungen in die Öffentlichkeit. Damit ein Unternehmen wieder die richtige Zielgruppe anspricht, muss das bisherige Konzept umstrukturiert oder angepasst werden. Am Anfang trainierten bei Kieser nur Athleten, dies änderte sich mit der Zeit, sodass vermehrt alte Leute dort trainieren. Um die eigens vorgegebene Zielgruppe (30-50 Jahre) zu erreichen hat Kieser sein Konzept angepasst.
Zeitgeist:	Die Werbeträger haben sich in den letzten Jahren stark verändert. Mittlerweile haben fast alle Unternehmen eine Homepage und/oder sind auf sozialen Medien unterwegs. Auch Werbung schalten Unternehmen in der heutigen Zeit häufig nur noch online. Kieser Training hat zu Beginn nur auf die Mund-zu-Mundpropaganda und Presseberichte vertraut. Mittlerweile setzt Kieser Training nicht nur auf Printmedien, sondern auch auf soziale Medien und besitzt eine eigene Homepage.

3.1.3   Vier weitere Unternehmen, die ihre Corporate Identity verändert haben

Die nachstehende Tabelle zeigt vier weiter Unternehmen, die ihre Corporate Identity geändert bzw. überarbeitet haben.

Tabelle 7: Vier weitere Unternehmen, die ihre Corporate Identity verändert haben

Vodafone	Vodafone änderte sein Logo, indem es die alte Vodafone-Box durch einen roten Rhombus ersetzte. Dieser soll Dynamik und Kraft vermitteln und innerhalb des Rhombus sollen künftig das Logo und Werbebotschaften untergebracht werden. Grund für die Veränderung der Corporate Identity war ein veränderter Zeitgeist. Die alte Vodafone-Box wurde damals entwickelt als es noch keine mobile Werbung oder Video-Ads gab. Der Rhombus kann auf allen Werbekanälen gut eingesetzt werden und macht somit die Gestaltung von Kampagnen flexibler (Saal, 2013).
McDonald's	Durch einen starken Umsatzrückgang und ein negativ behaftetes Image, führte McDonalds einen Wandel ihrer „Corporate Identity" ein (Tagesspiegel, 2014). Um von dem typischen Image des „ungesunden Fastfoods" wegzukommen, setzte McDonalds auf gesündere Alternativen. Es gab nun die Möglichkeit zum „Happy Meal" anstatt eines Softdrinks oder Pommes z.B. Milch, Obst oder Säfte auszuwählen. Desweitern setzt McDonalds auf eine nachhaltige und bewusste Ernährungsweiße der Menschen, indem Sie regionale Produkte (Simmentaler Rind) oder vegetarische Alternativen in ihr Angebot aufnahmen. Auch das Design bekam eine Rundumerneuerung weg vom klassischen „Rot" hin zu „Grün" was für Nachhaltigkeit, Gesundheit und Natur stehen soll (Frehse, 2015).
Nivea	Das Design der Nivea-Creme änderte sich bereits 14 Jahre nach Markteinführung. Die Jugendstilornamentik der erste Nivea-Dose wurde durch die blaue Dose mit weißem Schriftzug ersetzt. Als Grund wird das neue Lebensgefühl der goldenen Zwanziger genannt, dass durch die Schlagworte „Jugend", „Sportlichkeit" und „Freizeit" geprägt waren (Beiersdorf, 2013).
Jägermeister	Das Getränk „Jägermeister" galt früher als „Altherrengetränk", das hauptsächlich von Personen über 55 Jahren konsumiert wurde (Lippold, 2015). Um eine Verjüngung der Marke einzuleiten, änderte Jägermeister u.a. seinen Slogan in „Achtung wild!", wodurch eine deutlich jüngere Zielgruppe angesprochen werden sollte. Außerdem veränderte Jägermeister seine Distributionswege, indem es direkt in Kneipen, Bars oder auf Events vertrieben wurde und führte die „Jägerettes" (Promotion Teams) ein, welche direkt in die Gastronomie gingen und Schnapsverkostungen anboten (Höltmann, 2016).

3.2 Marktstrategien

3.2.1 Marktbearbeitungs- und Wettbewerbsstrategie

Als Marktbearbeitungsstrategie greift Kieser Training auf die Segmentkonzentration zurück. Diese besagt, dass ein einzelnes Segment eines Zielmarktes ausgewählt und bearbeitet wird (Kotler & Bliemel, 2006, S. 453 ff.). Kieser Training bietet nur eine Leistung, intensives Krafttraining an Maschinen, für ihre Kunden an.

Bei der Wettbewerbsstrategie nutzt Kieser Training die Nischenstrategie mit Differenzierung. Hierbei konzentriert sich ein Unternehmen auf eine bestimmte Anzahl von Abnehmern und/oder Leistungen (Kotler & Bliemel, 2006, S. 139 ff.). Kieser Training bietet eine bestimmte Leistung an, nämlich Krafttraining an Geräte. Dadurch wird nur Personen angesprochen, die diese Dienstleistung in Anspruch nehmen möchten.

Die Differenzierung kann z.b. über Qualität, Service, Produktstyling oder Technologie erfolgen (Kotler & Bliemel, 2006, S. 139). Dadurch können höhere Preise erzielt werden (Weis, 2012, S. 153). Durch das medizinisch fundierte Trainingskonzept hebt sich Kieser Training in Sachen Qualität von der Konkurrenz ab. Außerdem entwickelt Kieser ständig neue Maschinen, vor allem für Muskelgruppen, die von anderen Fitnessstudios vernachlässigt werden (z.B. Beckenboden, Sprunggelenk), was ihnen in Sachen Technologie einen Vorteil einbringt.

3.2.2 Produkt-Markt-Matrix

Als erste Strategie ist die Produktentwicklung zu nennen, hierbei werden neue Produkte für bestehende Märkte entwickelt. Wichte Kriterien hierbei ist allerdings, dass die neu entwickelten Produkte einzigartig, unterschiedlich, anders und käuferspezifisch sind (Weis, 2012, S. 161). Kieser stellt dies sicher, indem es neue Produkte entwickelt, die von anderen Fitnessstudios vergessen werden. In den letzten Jahren wurden Maschinen für den Beckenboden sowie für die Sprunggelenke entwickelt.

Eine weitere Strategie, die Kieser bei der Produkt-Markt-Matrix nach Ansoff verwendet ist die Marktdurchdringung. Es wird versucht mithilfe von vorhandenen Produkten auf gegenwärtigen Märkten eine Erhöhung des Marktanteils sowie eine Ausweitung des Marktvolumens zu erzielen (Nieschlag, Dichtl, & Hörschgen, 2002, S. 900).

Dies ist durch die Gewinnung von bisherigen Nichtkunden oder durch Verstärkung der Werbung möglich (Weis, 2012, S. 160). Bei Kieser Training entstand dies durch die Überarbeitung der Corporate Identity.

Kieser veränderte sein Image (siehe 3.1.1), was nun dazu führt, dass sich bisherige Nichtkunden nun angesprochen fühlen, da Kieser Training nicht nur für alte und kranke Menschen ist. Außerdem verstärkt Kieser Training nun seine Werbung, indem es sich nichtmehr nur auf die Mund zu Mundpropaganda verlässt, sondern auch Printkampagnen, soziale Medien oder eine Website einsetzt.

4 Digitalisierung in der Fitness- und Gesundheitsbranche

Die Mitglieder kritisieren u.a. das veraltete Studio, hier bestünde die Möglichkeit durch neue Innovationen des Zirkeltrainings wie z.B. einem Milon oder eGym Zirkel zu integrieren. Mithilfe von Körperscannern, der die Personen ausmisst, stellen sich die Geräte automatisch ein, sodass ein Trainer nur noch Kleinigkeiten einzustellen hat. Die Einstellungen werden auf einer entsprechenden Karte gespeichert, somit muss der Kunde die Geräte nicht mehr selbst einstellen, was zum einen Zeit spart und bequemer für den Kunden ist, wenn er nur noch die Karte in das Gerät schieben muss und sich automatisch einstellt. Das Risiko hierbei ist, dass dadurch die Interaktion mit den Trainern verloren gehen kann, dadurch entstehen weniger zwischenmenschliche Beziehungen, was für viele Leute jedoch ein wichtiger Grund für die Wahl des Fitnessstudios ist bzw. die Chance einer Kündigung bei einer guten zwischenmenschlichen Beziehung zwischen Mitarbeitern und Kunden senkt. Dies kann verhindert werden, indem regelmäßige Check-Ups mit Trainern durchgeführt werden z.B. jede zehnte Trainingseinheit. Dadurch bleibt die Interaktion zwischen Trainern und Kunden bestehen.

Eine weitere Möglichkeit um die Digitalisierung voranzutreiben, wäre eine eigene App für Smartphones zu entwickeln. Mithilfe dieser App können Mitglieder über Neuigkeiten auf dem laufenden gehalten werden oder Öffnungszeiten nachgesehen werden (z.B. Öffnungszeiten an Feiertagen etc.). Ein weiterer Vorteil wäre, dass der aktuelle Kursplan in die App mitintegriert wird, so können sich die Mitglieder jederzeit überlaufende Kurse sowie Vertretungen bzw. Kursausfälle informieren um z.B. nicht umsonst ins Studio fahren zu müssen. Um die Kunden ohne Smartphone nicht auszugrenzen bzw. zu benachteiligen, muss sicher gegangen werden, dass nicht Smartphone-Nutzer die Informationen trotzdem erlangen können.

Dies geschieht durch eine Informationspinnwand im Studio, auf der ebenfalls alle Neuigkeiten nachzulesen sind. Um die jüngere Zielgruppe anzusprechen, kann im Unternehmen frei Verfügbares W-Lan (nur für Mitglieder) zur Verfügung gestellt werden. Da heutzutage viele „junge" Leute ihre Musik auf Spotify, YouTube oder Apple-Music über ihr Handy hören und die Voraussetzung dafür eine Internetverbindung ist, wäre ein frei verfügbares W-Lan die sinnvollste Lösung um diese Zielgruppe anzusprechen. Die Risiken hierbei sind, dass viele Leute auf den Trainingsgeräten am Handy sitzen und im Internet surfen, was dazu führen kann das diese Blockiert werden und andere Mitglieder dadurch verärgert werden. Dies wird verhindert, indem die Nutzungszeit des W-Lan pro Tag auf 1,5h begrenzt ist und gleichzeitig die Trainer auf der Trainingsfläche ein Auge darauf werfen, dass nicht unnötig Geräte blockiert werden.

Im Bereich des Marketings bieten sich durch die Digitalisierung für das Unternehmen ganz neue Möglichkeiten. Die Präsenz des Unternehmens Kohl auf Facebook, Twitter und Instagram wird erhöht. Hier werden regelmäßige Updates sowie Tipps über Training und Ernährung gepostet. Somit steigt die Interaktion mit den vorhandenen Mitgliedern als auch mit potentiellen Neumitgliedern, da alle Personen in den sozialen Medien die Beiträge sehen können. Somit steigt auch gleichzeitig der Bekanntheitsgrad des Unternehmens. Der Nachteil an sozialen Medien ist, dass jede Person (auch Unternehmensfremde) eine Rezension zum Unternehmen schreiben kann. Um mögliche willkürliche negativen Rezensionen zu verhindern, wird Mitgliedern ein gratis Eiweißshake im Studio angeboten, wenn diese eine ehrliche Bewertung des Fitnessstudios geschrieben haben.

5 Literaturverzeichnis

Bea, F. X., & Haas, J. (2003). *Strategisches Management* (Grundwissen der Ökonomik: Betriebswirtschaftslehre, 6., vollständig überarbeitete Aufl.). Stuttgart: Lucius & Lucius.

Beiersdorf. (2013). *Immer am Puls der Zeit.* Abgerufen am 03. 07 2018 von https://www.beiersdorf.de/marken/markengeschichte/nivea

Bitkom. (2017). *Smartphone Markt: Konjunktur und Trends.* Abgerufen am 04. 07 2018 von https://www.bitkom.org/Presse/Anhaenge-an-PIs/2017/02-Februar/Bitkom-Pressekonferenz-Smartphone-Markt-Konjunktur-und-Trends-22-02-2017-Praesentation.pdf

Brandt, M. (2016). *Smarte Fitness.* Abgerufen am 04. 07 2018 von https://de.statista.com/infografik/6222/smarte-fitness-tracker-und-apps/

DSSV, A. d.-u. (2018). *Fitnesstrends 2018.* Abgerufen am 04. 07 2018 von https://www.dssv.de/presse/statistik/fitness-trends-2018/

Frehse, L. (2015). *Wie McDonald's sich ändern will.* Abgerufen am 03. 07 2018 von https://www.tagesspiegel.de/wirtschaft/nach-60-jahren-image-probleme-wie-mcdonalds-sich-aendern-will/11636828.html

Heinzerling, M. (2014). *Freeletics - Vorteile und Kritik.* Abgerufen am 04. 07 2018 von https://mheinzerling.de/blog/freeletics-vorteile-und-kritik/

Höltmann, I. (2016). *Wie sich Unternehmen neu erfinden.* Abgerufen am 03. 07 2018 von https://www.tagesspiegel.de/wirtschaft/imagewechsel-wie-sich-unternehmen-neu-erfinden/12785036.html

Jochem, R. (2010). *Was kostet Qualität? Wirtschaftlichkeit von Qualität ermitteln.* München: Hanser.

Kotler, P., & Bliemel, F. (2006). *Marketing-Management. Analyse, Planung und Verwirklichung* (10., überabeitete und aktualisierte Aufl.). München: Pearson.

Kotler, P., Amstrong, G., Saunders, J., & Wong, V. (2007). *Grundlagen des Marketing* (4., aktualisierte Aufl.). München: Pearson.

Kotler, P., Keller, K. L., & Opresnik, M. O. (2015). *Marketing-Management. Konzepte - Instrumente - Unternehmensfallstudien* (Pearson Studium - Economic BWL, 14., aktualisierte Auflage). Hallbergmoos: Pearson.

Lippold, D. (2015). *Die Marketing Gleichung - Einführung in das prozess- und wertorientierte Marketingmanagement* (unvollständig überarbeitete und erweiterte Auflage). Berlin/Boston: Walter de Gruyter GmbH.

Maciej, M. (2015). *Freeletics: Kosten und Preise für App und Coach.* Abgerufen am 04. 07 2018 von https://www.giga.de/apps/freeletics/tipps/freeletics-kosten-und-preise-fuer-app-und-coach/

Meffert, H., & Burmann, C. (1996). *Identitätsorientierte Markenführung - Grundlagen für das Management von Markenportfolios* (Arbeitspapiere Nr.100). Münster: Wissenschaftliche Gesellschaft für Marketing und Unternehmensführung e.V.

Meffert, H., Burmann, C., & Kirchgeorg, M. (2012b). *Marketing. Grundlagen marktorientierter Unternehmensführung* (Springerlink: Bücher, 12., überarb. u. aktualisierte Aufl. 2014). Wiesbaden: Gabler Verlag.

Meffert, H., Burmann, C., & Kirchgeorg, M. (2015). *Marketing. Grundlagen marktorientierter Unternehmensführung - Instrumente - Praxisbeispiele* (Springerlink: Bücher, 12., überarb. u aktualisierte Aufl. 2014). Wiesbaden: Springer Gabler.

Nieschlag, R., Dichtl, E., & Hörschgen, H. (2002). *Marketing* (19., überarbeitete und ergänzte Aufl.). Berlin: Duncker und Humbolt.

Reuter, M. (2011). *Was die Entwicklung einer App in Deutschland kostet.* Abgerufen am 04. 07 2018 von http://www.appadvisors.de/2011/07/was-ap-entwicklung-in-deutschland-kostet/

Saal, M. (2013). *Gregor Gründgens im Interview.* Abgerufen am 03. 07 2018 von https://www.horizont.net/marketing/nachrichten/Warum-Vodafone-seine-Corporate-Identity-ueberarbeitet-Gregor-Gruendgens-im-Interview-116491

Scherkamp, H. (2015). *Was ist dran, am Hype um das Münchner Start-up Freeletics?* Abgerufen am 04. 07 2018 von https://www.gruenderszene.de/allgemein/freeletics-interview

Statista. (2017). *Fitness.* Abgerufen am 04. 07 2018 von https://de.statista.com/outlook/313/137/fitness/deutschland

Statista. (2018). *Anzahl der verfügbaren Apps im Google Play Store in ausgewählten Monaten von Juli 2015 bis Juli 2018.* Abgerufen am 04. 07 2018 von https://de.statista.com/statistik/daten/studie/74368/umfrage/anzahl-der-verfuegbaren-apps-im-google-play-store/

Statista. (2018). *Ranking der Top 20 Kategorien im App-Store im Juli 2018.* Abgerufen am 04. 07 2018 von https://de.statista.com/statistik/daten/studie/166976/umfrage/beliebteste-kategorien-im-app-store/

Tagesspiegel. (2014). *McDonald's schrumpft weltweit.* Abgerufen am 03. 07 2018 von
https://www.tagesspiegel.de/wirtschaft/gewinnwarnung-bringt-aktie-zum-absturz-mcdonalds-schrumpft-weltweit/11090586.html

Weis, H. C. (2012). *Marketing* (Kompendium der praktischen Betriebswirtschaft, 16.,
verbesserte Auflage). Herne Westf: NWB Verlag.

6 Abbildungs- und Tabellenverzeichnis

6.1 Tabellenverzeichnis